AF235364

Nadja Kalinowski

Baby & Hund

Wie bereite ich meinen Hund bestens auf das Baby vor?

Für ein entspanntes Zusammenleben

Impressum

Bibliografische Information der Deutschen Nationalbibliothek: Die Deutsche Nationalbibliothek verzeichnet diese Publikation in der Deutschen Nationalbibliografie; detaillierte bibliografische Daten sind im Internet über http://dnb.dnb.de abrufbar.

© 2021 Nadja Kalinowski

Herstellung und Verlag: BoD – Books on Demand, Norderstedt

ISBN: 978-3-7543-4529-0

Inhaltsverzeichnis

Über mich

Herzlich willkommen! Ich freue mich sehr, dass dich dieses Buch gefunden hat. Mein Name ist Nadja Kalinowski (www.trustandlead.de) und ich möchte mich kurz vorstellen:

Mein Weg als professionelle Hundepsychologin begann im Jahr 2013. Zu dem Zeitpunkt war mein Rüde Milo 3 Jahre alt und meine Hündin Lefi 1 Jahr. Beide Hunde sind komplett verschieden und haben mich in unterschiedlichen Bereichen herausgefordert.

Ich begann damals mit dem Dogwalking in Hamburg, unter anderem um Lefis Unsicherheit zu überwinden und ihr die Möglichkeit zu bieten, kontrollierte Sozialkontakte zu haben. Das Dogwalking war aus der Not geboren, da Lefi zusätzlich nicht alleine bleiben konnte. Durch diese Tätigkeit konnte ich nicht nur mit verschiedenen Hunden arbeiten, sondern auch eine kleine Hundegruppe aufbauen und von ihnen lernen.

Im Anschluss daran erweiterte ich mein Tätigkeitsfeld um das Hundetraining, einschließlich Home-Sessions und Gruppenangeboten.

In meiner bisherigen Laufbahn als Hundeverhaltensberaterin konnte ich bereits an verschiedenen Orten in Deutschland tätig sein. Neben dem Aufbau einer Hundepension, der Begleitung von

Patenfamilien und der Ausbildung von Assistenzhunden, hatte ich die Möglichkeit, intensiv mit verschiedenen Rudeln und Hundegruppen zu arbeiten. Zusätzlich durfte ich Züchter begleiten und war sowohl bei der Geburt als auch bei der Aufzucht der Welpen dabei. Aber nun zu meinen Hunden…

Milo ist eher ein Einzelgänger und in vielen Situationen sehr selbstbewusst. Wird er von anderen Hunden an der Leine angebellt, interessiert ihn das wenig. Als Terrier will er gefordert werden und braucht klare Regeln und Struktur.

Seine Individualdistanz, also sein persönlicher Abstand den er zu fremden Hunden benötigt um sich wohl zu fühlen, ist sehr hoch. Wird das nicht respektiert, dann kann es sein, dass er sich den Abstand vom anderen Hund einfordert. Das bedeutet allerdings auch Stress für ihn.

Mit der Zeit habe ich gelernt Milo und sein Verhalten zu verstehen. Den Stress kann ich ihm mittlerweile abnehmen und die Situationen für ihn kontrollieren. Zusätzlich ist es schön zu sehen, wie dadurch sein Vertrauen zu mir immer mehr gewachsen ist.

Milo ist mein großes Vorbild, wenn es darum geht, klar und über die Körpersprache zu kommunizieren. Ich benutze seine Videos in meinen Trainings, um zu verdeutlichen, was wichtig ist.

Doch es gibt auch Momente, in denen Milo Unsicherheiten zeigt. Zum Beispiel stresst es ihn sehr schnell, wenn er bedrängt wird oder sich in einem engen Raum befindet. Anstatt die Situation zu verlassen bleibt er oft drin, bis ich ihm heraushelfe.

Lefi war in ihren ersten Jahren ein hyperaktives Energiebündel. Sie konnte nicht alleine bleiben oder entspannt an der Leine laufen. Ihre anfängliche panische Angst vor Hunden machten die Spaziergänge nicht leichter.

Wir haben damals mitten in Hamburg gewohnt, mit ständig neuen Reizen vor der Tür. Das war für das Training eine zusätzliche Herausforderung. Mit viel Geduld und Einsatz haben wir ihre Themen erfolgreich bearbeiten können.

Trotz ihrer „Baustellen", hat Lefis liebes Wesen und ihre Gutmütigkeit bereits vielen Kindern geholfen die Angst vor Hunden zu verlieren. Bei Angeboten in Kitas oder Schulen lehrte sie den Umgang mit Hunden und vermittelte spielerisch Wissen.

Gerade Lefis Verhalten hat mich extrem herausgefordert und mehrfach an den Rand der Verzweiflung gebracht. Zwischendurch hatte ich kaum noch Hoffnung, dass wir es jemals schaffen würden. Doch nach zwei Jahren intensiver Arbeit haben sich schließlich Erfolge gezeigt. Heute bin ich unglaublich froh, dass ich nicht aufgegeben habe, obwohl mir viele Leute ungefragt ihre Meinung während unseres Prozesses mitgeteilt haben.

Lefi und ich haben eine sehr besondere und starke Bindung, sie ist mein "Seelenhund".

Lefi hat mich motiviert, mir verschiedene Herangehensweisen anzueignen. Es war eine Art Ausprobieren von Techniken und schließlich das Entwickeln meines eigenen Weges. Ich orientiere mich sehr an der Hundepsychologie, verwende jedoch auch Elemente aus dem klassischem Hundetraining.

Durch die Erfahrungen mit meinen Hunden weiß ich, wie sich meine Kunden fühlen und wie hart der Weg manchmal sein kann.

Meine Hunde haben mir so viel beigebracht. Ich bin dankbar für die wertvollen Lektionen, vor allem zu den Themen „Vertrauen" und „Führung". Das Lernen hört nie auf. Von jedem Hund, mit dem ich arbeiten darf, kann ich etwas dazu lernen.

Ich arbeite mittlerweile hauptsächlich online und gebe mein gesammeltes Wissen im Bereich der Hundepsychologie in Form von individuellen Online-Sessions, Workshops und durch meine Bücher an meine Kunden weiter.

Mehr Infos auf: www.trustandlead.de

Beispiel aus dem Training (wahre Begebenheit)

Das Telefon klingelte, ich bekam einen verzweifelten Anruf und machte mich direkt auf den Weg zu einem Notfalltraining. An der Haustür wurde ich bellend von einem Jack Russell Terrier empfangen. Die Frau hatte ein schreiendes Neugeborenes auf dem Arm und dem Paar war deutlich anzusehen, dass sie am Ende ihrer Kräfte waren.

Wir begannen mit der Anamnese und ich fing an zu beobachten. Der Hund kam während meines Aufenthaltes nicht zur Ruhe, er war die gesamte Zeit extrem angespannt. Das Schreien des Kindes versetze ihn offensichtlich immer wieder in den Jagdmodus. Er war nur mit einer Leine von dem Baby fern zu halten.

Die Eltern berichteten mir, dass beim ersten Aufeinandertreffen von Baby und Hund einen Tag zuvor der Hund sich über das Baby stellte und es fixierte. Die Situation war sehr ernst und meine Prognose leider nicht gut.

Wir fingen direkt an Regeln aufzustellen und einen konkreten Trainingsplan zu entwickeln. Aufgeben war für das Paar (noch) keine Option. Baby und Hund durften in der nächsten Zeit nicht zusammenkommen. Mit einem unguten Gefühl verließ ich das Paar.

Nach einer Woche kam ich zurück und wurde positiv überrascht. Der Vater hat sich an alle Abmachungen gehalten und fleißig trainiert. Er schlief während der Trainingsphase mit dem Hund im Wohnzimmer und die Frau mit dem Baby im Schlafzimmer.

Der Hund war nicht mehr wieder zu erkennen. Unter meiner Aufsicht führten wir Baby und Hund wieder zusammen, diesmal entspannt. Es gab klare Regeln, die dem Hund die nötige Ruhe gaben.

Der Hund näherte sich diesmal höflich dem Baby und nahm den Geruch auf. Beim Schreien fiel er nicht mehr in sein Jagdverhalten und war nun in allen Situationen kontrollierbar. Mir fiel ein riesiger Stein vom Herzen. Ich hätte diese extreme Verhaltensänderung in so kurzer Zeit nicht für möglich gehalten, aber die Halter sind über sich hinausgewachsen.

Meine Arbeit war getan und ich wünschte der kleinen Familie alles Gute. Sie waren erleichtert und überglücklich. Auch Monate später erreichten mich positive Nachrichten mit Fotos von entspanntem Baby & Hund.

Die Situation hätte allerdings auch ganz anders ausgehen können.

Hallo Nadja, wir wollten uns
nochmal bei dir Bedanken
da du uns Anfang des   Jahres ja
so toll geholfen hast und dir einen
Weihnachtsvideogruß senden. 🎅🎄

Pepe und die Keine verstehen sich
wirklich super. Der Hund ist ganz lieb
und vorsichtig und alles ist gut.Sie
spielen täglich, indem sie ihm Dinge
bringt ❤️LG

Pepe

Je früher du anfängst mit deinem Hund zu trainieren und ihn auf die Veränderungen vorbereitest, desto einfacher wird für euch die Umstellung, wenn das Baby da ist.

Du ersparst dadurch dir und deinem Hund eine Menge Stress. Leider gibt es keine Garantie, dass es auch wirklich reibungslos funktionieren wird, aber so brauchst du dir später keine Vorwürfe machen, nicht genug getan zu haben.

Sollte ernsthafte Gefahr bestehen, stark anhaltender Stress oder Überforderung durch die Mehrbelastung muss über den „worst case" nachgedacht werden.

Da ich solche Anfragen, auch kurzfristige Notfalltrainings, häufiger bekomme, habe ich mich dazu entschlossen ein Baby & Hund Programm zu erstellen und es hier nieder zu schreiben. Dieses Programm enthält alle notwendigen Vorbereitungen vor Ankunft des Babys, mit Übungen für den Hund und eine Anleitung für die erste gemeinsame Zeit.

Natürlich sollte immer individuell geschaut werden, aber hier bekommst du einen Überblick und eine Anleitung zu vielen verschiedene Themen.

Mein Ziel für euch: Ein stressfreies und glückliches Zusammenleben.

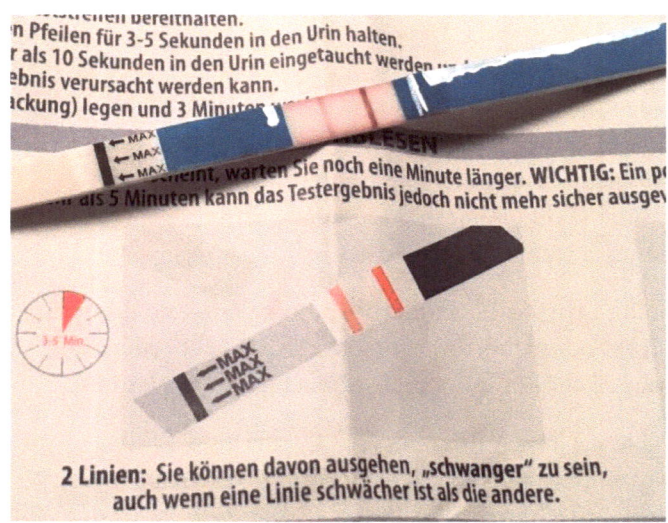

Du hast die freudige Nachricht bekommen, dass du ein Baby erwartest? Herzlichen Glückwunsch, dies ist der Beginn einer aufregenden Zeit.

Bisher hat dein Hund deine ungeteilte Aufmerksamkeit bekommen und du sorgst dich,

- wie das mit dem Baby klappen wird,
- bist etwas unsicher, worauf du achten solltest oder
- willst dich einfach nur bestmöglich vorbereiten?

Sehr gut, denn es gibt bereits einige Übungen, die du während der Schwangerschaft mit deinem Hund durchführen solltest!

Nutze die Zeit um deinen Hund auf die Veränderungen vorzubereiten. Das erspart dir und deinem Hund viel Stress, wenn das Baby dann da ist. Außerdem hat es den Vorteil, dass dein Hund die Änderungen nicht mit dem Baby verknüpft, denn sie haben bereits vorher begonnen.

Dein Leben wird sich komplett ändern und somit auch das Leben deines Hundes. In der heutigen Zeit ist es oft so, dass der Hund einen sehr engen Platz an unserer Seite eingenommen hat. Er ist ein wichtiges Familienmitglied und für einige Personen auch „Kindersatz". Solange der Hund sich den Platz und die Aufmerksamkeit nicht teilen muss, kann das gut gehen. Da aber nun ein weiteres Familienmitglied einzieht, wollen wir, dass dies so stressfrei wie möglich für ALLE abläuft.

Du hast bereits das Baby bekommen und merkst Veränderungen bei deinem Hund?

Natürlich kannst du auch jetzt noch alle hierbeschriebenen Übungen mit deinem Hund durchführen. Sollte Gefahr für dein Kind bestehen, dann hole dir bitte unbedingt Unterstützung bei einem erfahrenen Trainer/ einer Trainerin.

Wir beginnen in diesem Buch mit der Basis und arbeiten uns anschließend zu den speziellen Themen zu Baby & Hund vor.

Selbsteinschätzung

Damit du weißt wie dein derzeitiger Stand mit deinem Hund ist, solltest du eine ehrliche Selbsteinschätzung vornehmen. Nimm dir Zeit die Fragen zu beantworten. Beobachte dich und deine Gefühle.

Lösen manche Fragen Unwohlsein bei dir aus? Mit deinen Antworten kannst du dann gezielter im Training vorgehen und weißt, auf welche Themen du besonders achten musst.

Wichtige Fragen vorab an dich:

Wie würdest du das Wesen deines Hundes einschätzen? Ist er souverän und entspannt? Sensibel bis ängstlich oder eher forsch und fordernd?

....
....
....
....
....
....
....

Wie reagiert dein Hund bei

lauten Geräuschen?

....
....
....
....
....
....
....

plötzlichen Bewegungen?

....
....
....
....
....
....
....

oder Berührungen?

....
....
....
....
....
....
....

Achtet dein Hund sehr auf deine Stimmung?

....
....
....
....
....
....
....
....

Wie ist der Trainingsstand?

....
....
....
....
....
....
....

Erfüllst du die Bedürfnisse deines Hundes?

....
....
....
....
....
....
....
....

Wie viel körperliche Auslastung benötigt dein Hund?

....
....
....
....
....
....
....

Wie viel geistige Auslastung benötigt dein Hund?

....
....
....
....
....
....
....

Hast du bereits Probleme mit deinem Hund
(Anspringen, Bellen, Essen oder Gegenstände stehlen,
allein bleiben, Territorialverhalten…)?

....
....
....
....
....
....
....

Hast du bereits an den Themen gearbeitet? Wie schätzt du die Veränderung und den derzeitigen Stand ein?

....
....
....
....
....
....
....
....

Kennt dein Hund Babys und/ oder Kinder? Wie verhält er sich da?

....
....
....
....
....
....
....
....
....
....
....
....
....
....

Wie geht es dir bei dem Gedanken Baby & Hund? Bist
du eher unsicher, nervös, ängstlich oder entspannt?

....
....
....
....
....
....
....

Zeigt dein Hund gegenüber anderen Menschen oder
dir drohendes Verhalten (knurren, stillhalten)?

....
....
....
....
....
....
....

Hat dein Hund bereits geschnappt oder gebissen? Wie
waren die Situationen?

....
....
....
....
....
....
....

Würden die Situationen heute anders ablaufen?

…………………………………………………………………………………………
…………………………………………………………………………………………
…………………………………………………………………………………………
…………………………………………………………………………………………
…………………………………………………………………………………………
…………………………………………………………………………………………
…………………………………………………………………………………………

Kontrolliert oder verteidigt dein Hund dich (z.B. ständiges Hinterherlaufen, dazwischengehen bei Umarmungen)?

…………………………………………………………………………………………
…………………………………………………………………………………………
…………………………………………………………………………………………
…………………………………………………………………………………………
…………………………………………………………………………………………
…………………………………………………………………………………………
…………………………………………………………………………………………

Ist dein Hund besitzergreifend, z.B. bei Futter oder Spielzeug?

…………………………………………………………………………………………
…………………………………………………………………………………………
…………………………………………………………………………………………
…………………………………………………………………………………………
…………………………………………………………………………………………
…………………………………………………………………………………………
…………………………………………………………………………………………

Wie reagiert dein Hund auf Veränderungen (z.B. im Tagesablauf)?

....
....
....
....
....
....
....

Wie verhält sich dein Hund bei Familienfeiern oder Treffen mit Freunden?

....
....
....
....
....
....
....

Welche Rolle spielt dein Hund bisher in deinem Leben?

....
....
....
....
....
....
....
....

Platz für weitere Notizen:

....
....
....
....
....
....
....
....
....
....
....
....
....
....
....
....
....
....
....
....
....
....
....
....
....
....
....

Mehrhundehaushalt

Wenn du mehr als einen Hund zu Hause hast, dann beantworte bitte noch ehrlich diese Fragen:

Wie verstehen sich deine Hunde untereinander?

....
....
....
....
....
....
....

Gibt es Streitereien zwischen den Hunden? Wenn ja, was sind die Auslöser (Futter, Spielzeug, Du)?

....
....
....
....
....
....
....

Kam es bereits zu Verletzungen?

....
....
....
....

....

....

....

Buhlen die Hunde um deine Aufmerksamkeit?

....

....

....

....

....

....

Ist den Hunden klar, dass du das Rudel anführst?

....

....

....

....

....

....

....

Sollten die Hunde um dich streiten oder kämpfen,
dann kann das neben Stress auch Gefahr für dein Baby
bedeuten. Aus Sicht der Hunde könnte ein neuer
Konkurrent hinzukommen.

Merke: Grundsätzlich gehörst du niemanden, außer dir selbst!

Du kannst sehr gut auf dich alleine aufpassen. Du versorgst das Rudel mit Nahrung, Unterkunft, Bewegung, Zuneigung und erfüllst (hoffentlich) die Bedürfnisse deiner Hunde. Als „Chef" von deinem Rudel duldest du keine Reibereien um dich herum.

Arbeite an deiner Führungskompetenz und setze das hier Erlernte konsequent um. Es ist sehr wichtig, dass du auf deine Ausstrahlung achtest. Ein „Rudelführer" ist ruhig, aber bestimmt. Einen unsicheren, nervösen, wütenden, frustrierten, ängstlichen, aufgeregten „Rudelführer" gib es unter den Hunden nicht.

Diese Emotionen strahlen Schwäche aus, aber dein Hund benötigt deine innere Stärke.

Vorsichtsmaßnahmen überlegen

Wie bereits erwähnt ist es sehr zu empfehlen mit den Veränderungen anzufangen, *bevor* das Baby auf der Welt ist.

So verknüpft dein Hund diese nicht mit dem neuen Familienmitglied, sondern es ist bereits der Normalzustand bei Ankunft des Babys.

Da wir nicht wissen, wie dein Hund das Baby finden und wie stressig es werden wird, ist es wichtig Vorsichtsmaßnahmen zu überlegen.

Denk daran, dass dein Hund auch auf deine Stimmung reagiert. Je nach Wesen des Hundes kann er sehr sensibel auf Stress, Babygeschrei oder deine Unsicherheit reagieren.

Wir wollen, dass sich ALLE zukünftig wohlfühlen. Die Vorsichtsmaßnahmen dienen nicht nur dir und dem Baby, sondern auch deinem Hund/ deinen Hunden.

Drei wichtige Empfehlungen, die du JETZT umsetzen kannst!

Empfehlung Nummer 1: Fester Ruheplatz

Wenn es stressig und trubelig wird, dann ist es wichtig, dass dein Hund eine Ruhe- und Sicherheitszone hat. Insbesondere dann, wenn dein Hund anfängt Aufgaben zu übernehmen, die nicht für ihn bestimmt sind z.B.:

- auf das Baby aufpassen
- übertriebenes Territorialverhalten bei Besuchern
- Kontrolle des Menschen (z.B. durch ständiges Hinterherlaufen)
- Betteln am Tisch

Für dich wird es eine enorme Hilfe sein, wenn du deinen Hund in allen möglichen Situationen auf seinen Platz schicken kannst und er sich dort entspannt.

Um es dem Hund möglichst einfach zu machen, ist der optimale Schlaf- und Ruheplatz ein wichtiger Punkt.

Es sollte ein ruhiger Ort zum Zurückziehen und Erholen sein. Am besten nicht direkt neben dem Lautsprecher von TV/ Radio oder der Kinder- Spielecke.

Oft ein Hindernis, warum sich der Hund nicht entspannen kann: Der Schlafplatz ist ein Kontrollposten (z.B. direkt mit Blick auf den Eingangsbereich).

Auf einem Flughafen im Tower können sich die Fluglotsen auch nicht einfach schlafen legen, oder?

Liegt dein Hund also z.B. mitten im Flur, hat alle Türen und dich ständig im Blick, kann er nicht die Ruhe und den Schlaf bekommen, den er dringend benötigt.

Achtung: Bei Missachtung kann es sogar bei einigen Hunden zur Gefahr kommen. Wenn dein Hund auf seinem Schlafplatz ist, dann haben fremde Leute oder Besucher ihn dort nicht zu stören. Auch wenn dein Hund es unangenehm findet von vertrauten Personen dort gestört zu werden, dann ist das in Ordnung und MUSS respektiert werden.

Dein Hund soll lernen, dass sein Platz seine Ruhe- und Sicherheitszone ist, wo er sich zurückziehen kann.

Gebe deinem Hund auf seinem Ruheplatz tolle Leckereien und Kausnacks. Zum einen beruhigt Kauen den Hund, zum anderen verbindet er den Platz mit etwas Tollem.

Dein Hund steht ständig auf?

Setze deine Körpersprache ein. Mache dich groß und schicke deinen Hund zurück. Warne ihn mit einem Geräusch, wenn er aufstehen möchte. Nach einer missachteten Warnung folgt dann die Konsequenz, indem der Hund z.B. mit der Leine zurück zu seinem Platz gebracht wird.

Dein Hund ist zu schnell für dich?

Dann nimm dir eine Hausleine zur Hilfe. Sie ist dein verlängerter Arm und du kannst deinen Hund einfach wieder auf seinen Ruheplatz zurückbringen.

Ganz wichtig sind hier viele Wiederholungen und **Geduld**! Werde nicht emotional!

Ist dein Hund es gewohnt seine eigenen Entscheidungen zu treffen? Dann kann es sehr gut sein, dass du erstmal mit ihm diskutieren wirst. Bleib dran, er testet dich. Die Führung wird er dir nicht einfach überlassen, du musst ihm beweisen, dass du es kannst.

Wichtig: Wenn du deinen Hund aktiv auf seinen Ruheplatz geschickt hast, dann hat er dort so lange zu bleiben, bis du ihn freigibst. Denke dran: Du triffst die Entscheidung, nicht dein Hund.

Beachte ihn der Zeit, wenn er auf seinem Ruheplatz ist, möglichst nicht (anschauen, ansprechen, anfassen). Ansonsten suchst du nämlich die Kommunikation mit deinem Hund und er wird vermutlich aufstehen oder schafft es nicht zu entspannen.

Wir verlangen nicht viel von deinem Hund nur, dass er sich auf seinem Ruheplatz entspannt, wo er sicher ist und es ihm gut geht.

Löse deinen Hund erst auf, wenn er entspannt ist. Wann ist dein Hund entspannt? Wenn er (fast) schläft oder der Körper seitlich liegt und der Kopf abgelegt ist. Durch das Auflösen bei Entspannung lernt dein Hund, dass genau dieses Verhalten erwünscht ist.

Löse ihn mit Ruhe auf, damit du dir die erarbeitete Entspannung nicht direkt mit Aufregung wieder kaputt machst. Du kannst eine einladende Handbewegung machen oder dich zu ihm setzen und ihn als Belohnung ruhig streicheln. Das Auflösen durch ein Kommando, welches Aufregung erzeugt, führt meist du einer Erwartungshaltung bei deinem Hund. Diese Erwartungshaltung lässt ihn den Ruheort nicht mit Entspannung verknüpfen, sondern mit Abwarten.

Hundebox

Viele Hunde lieben es eine Box zu haben und viele Menschen fühlen sich schuldig den Hund in eine Box zu schicken.

Eine Box ist für den Hund wie eine Höhle, sie gibt ihm Sicherheit. Sollte von deinem Hund evtl. in manchen Situationen Gefahr ausgehen, dann nimm dir bitte unbedingt die Box zur Hilfe.

Gerade wenn dein Kind anfängt zu krabbeln und mehr mit dem Hund zu interagieren, schützt du mit der Box, neben deinem Kind, auch deinen Hund.

Die Box gibt dir zusätzlich ein sicheres Gefühl, vor allem bei Situationen, die du nicht kontrollieren kannst. Das kann immer vorkommen, dass du kurz in einen Nebenraum oder schnell zur Tür gehen musst.

Gewöhnung an die Box

Fange an, deinen Hund in der Box zu füttern, damit er sie positiv verknüpft. Dann beginnst du langsam damit, die Tür auf und zu zumachen. Schließe die Tür erst, wenn dein Hund sich entspannt. Sei am Anfang neben der Box und fange dich erst an zu entfernen, wenn dein Hund ruhig ist. Lässt du ihn in einem aufgeregten Zustand in der Box, dann wird er sich eingesperrt fühlen. Nimm dir viel Zeit und habe Geduld. Denke daran, unser Ziel ist ein entspannter Hund.

Am besten beginnst du mit dem Boxtraining, wenn dein Hund draußen war und gefressen hat, also müde ist. Die Müdigkeit wird dir und ihm helfen die Box schneller mit Entspannung zu verknüpfen. Es ist auch hilfreich den Hund nachts in seiner Box schlafen zu lassen. Denk dran, die Box ist ein schöner Ort für deinen Hund, sein eigenes Haus.

Info: Bei Mehrhundehaushalten sollte jeder Hund seinen eigenen Ruheplatz und/ oder Box haben.

Empfehlung Nummer 2: Bett / Sofa nicht frei zugänglich

Vorneweg: Ich habe kein Problem damit, wenn der Hund auf dem Sofa oder Bett ist. Das Kontaktliegen ist sogar wichtig für die Beziehung zwischen dir und deinem Hund. Allerdings finde ich es wichtig, dass dein Hund sich nicht uneingeladen auf deinen Liegeplätzen aufhält.

Dies hat auch etwas mit Respekt zu tun. Im besten Falle respektierst du ebenfalls den Liegeplatz deines Hundes und störst ihn dort nicht.

Ein weiterer wichtiger Punkt ist, dass es eine Gefahr sein kann, wenn du z.B. das Baby stillst und dein Hund einfach auf euch springt. Viel schöner wäre es doch, wenn er entspannt ist und du ihn dann zu euch zum Kuscheln einlädst, oder?

Du fragst dich, ob und wie du das alles umsetzen sollst?

Fange heute an!

Immer, wenn dein Hund uneingeladen auf das Sofa/ Bett springt, bringst du ihn wieder runter. Ja, IMMER. Dein Einsatz und deine Konsequenz sind gefragt. Manche Hunde können da sehr ausdauernd sein, habe Geduld.

Sollte dein Hund sehr hartnäckig und flink sein, dann verwende als Hilfsmittel eine Hausleine.

Mit Hilfe der Hausleine kannst du deinen Hund einfach wieder vom Sofa/ Bett holen.

Denke daran, ruhig und bestimmt zu sein. Lass dich nicht provozieren, du hast es nicht nötig deswegen emotional zu werden.

Meist ist die Umstellung für die Halter härter als für den Hund. Wenn dein Hund das Sofa/ Bett extrem für sich beansprucht, dann empfehle ich dir für mind. 2 Wochen Sofa- und Bettverbot.

Habe das große Endziel vor Augen: Entspanntes Zusammenleben mit Baby & Hund.

Je mehr dein Hund die neue Regel in Frage stellt, desto mehr musst du dir anscheinend noch den Respekt als „Chef" erarbeiten.

Ausblick in die Zukunft: Es ist sehr wahrscheinlich, dass du bald öfter Kinderbesuch haben wirst. Manche Kinder sind unsicher oder sogar ängstlich mit Hunden. Umso besser, wenn sie auf deinem Sofa sitzen können, ohne dass der Hund sie bedrängt. Das wird ihnen dabei helfen, die Angst vor deinem Hund zu verlieren.

Empfehlung Nummer 3: Kindergitter

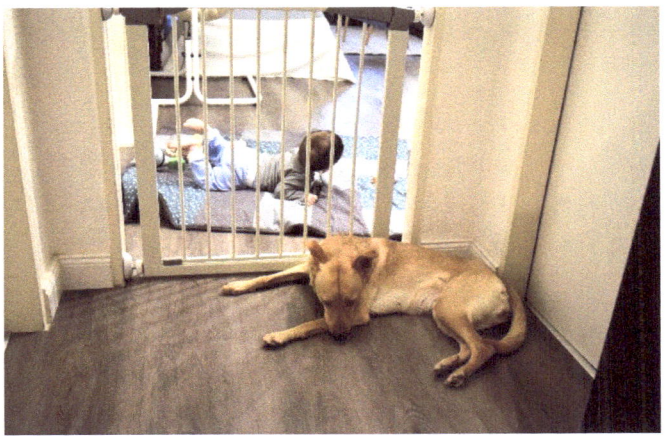

Kindergitter anbringen beim Kinderzimmer, evtl. noch bei anderen Räumen, in denen sich dein Kind nicht ständig beaufsichtigt aufhält.

Gibt es bereits ein Kinderzimmer?

Das ist das zukünftige Reich deines Kindes. Hier soll es sich frei bewegen können und sich mit seinem Spielzeug austoben. Ein Ort, wo dein Hund keinen Zutritt haben muss.

Um es dir leichter zu machen, verwende ein Kindergitter. Dies ist auch oft einfacher für den Hund. So kann er noch etwas sehen und trotz geschlossenem Kindergitter dabei sein. Bei der Zimmertür wäre das nicht möglich.

Eventuell macht es Sinn, dass dein Hund auch bei anderen Räumen lernt, dass er dort nicht reingehen soll?

Zum Beispiel könntest du das auch für Bad und / oder der Küche einführen. Du benötigst kein Kindergitter, aber es erleichtert den Übungsprozess. Zusätzlich ist es auch eine gute Sicherheitsmaßnahme für Baby & Hund.

Da sich dein Baby die ersten Jahre viel bei dir aufhalten wird, solltest du überlegen, ob du eventuell Bereiche im z.B. Wohn- oder Schlafzimmer zusätzlich sicherst. Eine Möglichkeit wäre ein Gitter, was du flexibel umstellen kannst für z.B. den Wickelplatz oder die Spieldecke.

Du könntest deinem Hund ebenfalls mit Hilfe von Gittern (zum Beispiel unter dem Suchbegriff "Welpenauslauf" zu finden) seinen eigenen Bereich in einem Zimmer abtrennen, in dem er seinen

Schlafplatz, Wasser, Spielzeug und alles, was er benötigt, hat. Trotzdem ist er bei dir, hat aber seinen Ruhebereich. Besonders im Krabbelalter kann dies ein nützliches Hilfsmittel sein, um Stress zu vermeiden, da viele Hunde das Krabbelalter als beängstigend empfinden. In seinem eigenen Bereich ist er sicher und für dein Baby besteht auch keine Gefahr. Wenn du befürchtest, dass dein Baby seine Finger durch das Gitter stecken könnte, kannst du einen Stoff oder eine andere Abdeckung verwenden, um dies zu verhindern.

Das waren die ersten drei Empfehlungen, mit denen du JETZT bereits anfangen kannst zu üben.

Nun widmen wir uns der Basis. Sei ehrlich mit dir und schaue, was du davon bereits umsetzt und woran du noch arbeiten solltest. So bereiten wir deinen Hund optimal auf das Baby vor.

Thema Auslastung

Wie viel geistige und körperliche Auslastung dein Hund benötigt hängt ab vom:

- Alter
- Energielevel (ruhig, aktiv oder sehr aktiv)
- Rasse
- Gesundheitszustand

Ein Senior benötigt weniger Auslastung als ein Junghund und ein Weimaraner vermutlich mehr als ein Mops. Aber egal welche Rasse, wichtig ist das Energielevel. Ist dein Hund eher ruhig oder sehr aktiv? Je nachdem benötigt er mehr oder weniger Auslastung.

Geistige Auslastung

Den Hund geistig auslasten: Das bedeutet, seinen Kopf zu fordern und nicht nur seinen Körper. Zur geistigen Auslastung zählen zum Beispiel das Beibringen von Tricks oder Kommandos, aber auch Übungen zur Impulskontrolle.

Bei der Impulskontrolle geht es um die Selbstbeherrschung. Das können z.B. Übungen sein, wo dein Hund lernen muss nicht allen Reizen nachzugehen.

Meine Lieblingsübung dazu ist das auf den Ruheplatz schicken und dann verschiedene Ablenkungen hinzu zu fügen. Ablenkungen könnten sein: Spielzeuge oder Futter auf dem Boden zu platzieren oder sogar zu bewegen, selbst in Bewegung sein (merkwürdige Bewegungen zu machen, springen, tanzen), …

Alles, was deinen Hund reizen könnte aufzustehen und wo er sich selbst beherrschen muss. Diese Übung ist für viele Hunde sehr anstrengend. Beende die Übung immer mit Ruhe und belohne deinen Hund, wenn er gute Entscheidungen trifft. Verlange nicht zu viel von deinem Hund, Schritt für Schritt.

Dem Hund Kommandos oder Tricks beibringen

Beim Trainieren von Kommandos, Tricks oder, aus Sicht des Hundes unnatürlichen Dingen (z.B. Bürsten, Krallen schneiden, Zähne kontrollieren, Hundejacke anziehen), greife ich gerne auf das klassische Hundetraining zurück.

Ich orientiere mich sonst bei meiner Arbeit an den Aspekten der Hundepsychologie, am natürlichen Weg. Ich beobachte wie die Hunde miteinander kommunizieren und umgehen. Das setze ich dann in meiner Arbeit um.

Da ich aber noch nicht gesehen habe, wie ein Hund einem anderen beigebracht hat eine Hundejacke anzuziehen, wähle ich hier auf den menschlichen Weg.

Im Vordergrund steht der Spaß!

Was ist für das Hundetraining wichtig?

Die richtige Belohnung:

Was mag dein Hund? Was motiviert deinen Hund etwas mit dir zu machen?

Bei den meisten Hunden, die ich kenne, ist die beste
Belohnung:

Futter

Nimm kleine und vorzugsweise weiche Leckereien, die
dein Hund schnell kauen kann. Wenn du zu große oder
harte Leckerlies hast, dann ist dein Hund mehr mit
Kauen beschäftigt, als den Trick zu lernen. Wenn die
Leckereien gut riechen, dann ist das eine zusätzliche
Motivation. Denke aber daran, die Futtermenge
entsprechend der zusätzlich gegebenen Leckerchen
anzupassen.

Spielzeug

Dein Hund ist eher über Spielzeug zu motivieren? Kein
Problem.

Manchen Hunden reicht auch das Lob per Stimme
oder Streicheleinheiten. Finde also zuerst raus, was
deinen Hund motiviert.

Der Clicker

Für schwierigere Tricks nehme ich gerne einen
sekundären Verstärker, den Clicker. Wichtig ist, dass
du deinen Hund erst auf den Clicker konditionierst.
Das bedeutet, dass der Hund weiß, dass nach jedem
Click die Belohnung folgt. Ja, auch wenn du dich mal
verclickt hast. Mit diesem Hilfsmittel kannst du sehr
genau das gewünschte Verhalten deines Hundes

bestätigen, wenn bei einem Trick z.B. die Pfote an einer bestimmten Position sein soll.

Timing

Du hast ca. 1,5 Sekunden Zeit deinen Hund für das Verhalten zu belohnen. Wenn du länger benötigst, dann kann dein Hund das nicht mehr mit der gewünschten Aktion verknüpfen und im schlimmsten Fall belohnst du anderes Verhalten.

Das gleiche gilt übrigens auch beim Bestrafen. Viele Leute schimpfen ihren Hund, wenn sie nach Hause kommen, weil er in der Zeit ihrer Abwesenheit zum Beispiel etwas kaputt gemacht hat. Sie meinen dann, dass der Hund ganz genau weiß was er getan hat. Dabei reagiert er oft nur auf die Stimmung des Halters und zeigt deswegen unterwürfiges Verhalten.

Der Hund verknüpft dein Verhalten nicht mehr mit seinem Fehlverhalten. Das führt uns direkt zum nächsten Punkt:

Deine Stimmung

Trainiere nur mit deinem Hund, wenn du richtig Lust dazu hast. Bist du genervt, frustriert oder sogar sauer, dann nimmt dein Hund das sofort wahr und verknüpft das im schlimmsten Fall auch mit dem Training. Kommandos oder Tricks üben soll Spaß machen und in entspannter Stimmung stattfinden.

Zeit

Nimm dir genügend Zeit und trainiere nicht, wenn du in Eile bist. Dein Hund benötigt so lange, wie er eben braucht. Viele kleine Wiederholungen sind wichtig und auch das Aufhören, wenn's am Schönsten ist.

Fängt dein Hund an zu quietschen, zu kratzen, zu beißen oder andere Verhaltensänderung zu zeigen, dann ist das meist ein Zeichen, dass er überfordert ist. Du hast wahrscheinlich zu lange mit ihm geübt oder warst für ihn unverständlich. Damit meine ich, dass er nicht weiß, was du von ihm möchtest.

Versuche deine Übung zu vereinfachen und unterteile sie in viele kleine Schritte.

Tricks oder Kommandos üben ist sehr anstrengende Kopfarbeit für deinen Hund. Bei den meisten Hunden reichen wenige Minuten für das Training. Beende eine Übung möglichst nach einem positiven Ergebnis, oder reduziere die Anforderung, damit ihr positiv enden könnt.

Erinnerst du dich noch daran, als du in der Schule eine Klassenarbeit geschrieben hast?

Danach warst du auch müde, obwohl du dich körperlich nicht betätigt hast. So geht es deinem Hund bei der geistigen Auslastung.

Bitte denke auch daran, dass dein Kommando seeeeeehr oft wiederholt werden muss, bis dein Hund es wirklich zuverlässig verstanden hat. Benenne dann das Kommando mit einem Wort. Er soll das Wort mit der von dir gewünschten Aktion verknüpfen.

Der richtige Trainingsort

Denk bitte daran an verschiedenen Orten zu üben, damit dein Hund den Trick nachher nicht nur im Wohnzimmer kann. Fange in reizarmen Umgebungen an, damit dein Hund sich konzentrieren kann.

Ideal ist so wenig Ablenkung, wie möglich. Am besten startest du zu Hause und wenn die Übungen dort zuverlässig funktionieren, verlegst du das Training nach draußen.

Dein Hund fängt bei der geistigen Auslastung an zu bellen, fiepen, kratzen, springen oder überdreht?

Das können Anzeichen von Überforderung sein. Beende die Einheit wie gesagt positiv, denn oft ist weniger mehr.

Fragen an dich selbst, wenn dein Hund Überforderung zeigt:

Hast du deinem Hund klar kommuniziert, was du von ihm möchtest?

War die Einheit zu lang?

Waren die Ablenkungen zu groß?

War dein Hund bereits müde?

Warst du ruhig und entspannt?

Impulskontrolle

Neben den Kommandos & Tricks ist die Impulskontrolle sehr wichtig.

Damit ist gemeint, dass dein Hund sich selbst beherrschen kann und Frust aushalten kann.

Gerade wenn dein Baby anfängt mobiler zu werden, muss dein Hund es aushalten können nicht mitzumischen. Mehr zu dem Thema findest du im weiteren Verlauf.

Körperliche Auslastung,

dazu zählen zum Beispiel Spaziergänge, Joggen, Fahrradfahren oder Hundesport.

Achtung: Mache bitte keinen Hochleistungssportler aus deinem Hund!

Am besten ist eine Kombination aus geistiger und körperlicher Auslastung mit ausreichend Pausen. Dadurch ist dein Hund ausgeglichen und kann zu Hause ruhen.

Ruhe & Schlaf

Ausreichend Ruhe und Schlaf sind für Hunde ebenfalls sehr wichtig und das Thema wird oft unterschätzt. Zu wenig Schlaf führt zu Überdrehtheit, Reizbarkeit, und dein Hund wird anfälliger für Krankheiten.

Gerade bei Welpen- und Junghunden ist zu beobachten, dass sie vermehrt in Hände oder Gegenstände beißen, etwas zerstören, wild umher rennen, sich evtl. verletzen oder andere Probleme entstehen. Das sind oft Anzeichen für zu wenig Schlaf, oder dass es dringend Zeit für eine Pause ist. Besonders Welpen und Junghunde benötigen die Ruhe um alles Erlebte verarbeiten zu können.

Bitte hilf deinem Hund dabei die Pausen zu bekommen, die er benötigt. Ich habe es schon oft erlebt, dass die Halter dieses Verhalten fehlinterpretieren und den Hund dann noch mehr auslasten wollen. Ergebnis sind dann überforderte Halter mit total übermüdeten und überdrehten Hunden.

Du bist dir unsicher, ob dein Hund genügend Ruhephasen hat? Ich empfehle dir ein Schlaf-Tagebuch um einen besseren Überblick zu bekommen.

Manchen Hunden muss man das Ruhen erst beibringen.

Wie bei Kindern macht nicht jeder Hund freiwillig Mittagsschlaf, selbst wenn das gut und notwendig für ihn ist.

Auch bei erwachsenen Hunden mit Schlafmangel kann es zur erhöhten Reizbarkeit kommen und dazu führen, dass der Hund eventuell aggressives Verhalten zeigt.

Bei eher unsicheren Hunden kann sich zu wenig Ruhe durch besonders ängstliches Verhalten äußern.

Uns geht es ebenfalls nicht gut, wenn wir zu wenig schlafen. Manche Menschen sind dann schlecht gelaunt, unkonzentriert oder bekommen gesundheitliche Probleme.

Achte darauf, dass dein Hund nicht nur ruht, sondern auch tagsüber schläft. Bereite deinen Hund schon jetzt darauf vor, dass er auch in einem anderen Zimmer schlafen kann. Wenn das Baby da ist, werden die Nächte unruhig werden, auch für deinen Hund. Umso besser, wenn er sich dann zurückziehen und stressfrei im Nebenzimmer schlafen kann.

Durch eine gut überlegte Tagesstruktur mit genügend Ruhe- und Schlafphasen, konnte ich bereits vielen Kunden und ihren Hunden helfen problematisches Verhalten zu verändern. Probiere es aus!

Rituale & Grenzen

Klare und verständliche Regeln, Rituale und Grenzen erleichtern dem Hund das Leben, sie geben Sicherheit und Orientierung

Noch immer erlebe ich es, dass sich viele Halter schwer tun dem Hund Grenzen zu setzen.

Der Hund soll Freiheit haben, ist ein häufiges Argument. Allerdings sind die meisten Hunde mit zu viel Freiheit überfordert und treffen selbst keine guten Entscheidungen.

Zusätzlich ist Freiheit ein Privileg. Ist es nicht eh viel schöner etwas zusammen mit dem Hund zu erleben, als viele Meter getrennt voneinander?

Ich erlebe das oft im Rudel, wenn ich mit den Hunden auf einer großen Wiese bin. Sie könnten sich weit entfernen, aber stattdessen bleiben sie freiwillig in meiner Nähe.

In der Natur bleibt das Rudel auch zusammen, ohne dass ein Hund Leckerlies oder eine Leine hat.

Regeln & Grenzen sind für Hunde sehr natürlich und auch notwendig. Wenn du ihn nicht führst, muss er die Führung übernehmen, egal ob er das kann oder möchte. Viele Hunde sind mit der Führungsrolle überfordert und dadurch entsteht Problemverhalten.

Wie soll dein Hund wissen, wie es in der „Menschenwelt" abläuft, was erlaubt ist und was nicht? Auch dein Kind wird sich an Regeln halten müssen, die für seine Sicherheit dienen. Als Beispiel: Bei Rot bleibt man stehen, bei Grün kann man gehen. Diese Regeln wird dein Kind erst lernen müssen und du wirst sie mit ihm üben.

Also warum nicht auch dem Hund Regeln aufstellen und ihm damit Verantwortung abnehmen? Ich erinnere dich gerne nochmal daran, dass unser Ziel ein entspannter Hund ist.

Regeln & Grenzen sind dabei ein wichtiger Teil. Dein Hund wird dich deswegen nicht weniger liebhaben,

im Gegenteil:

Er wird anfangen zu dir aufzuschauen und sich an dir orientieren.

Regeln aufstellen = Verantwortung übernehmen

Übernimm die Führung, dein Hund wird es dir danken!

Was bedeutet Führung?

Führung hat mit Vertrauen zu tun und der Fähigkeit, Anweisungen zu geben und diese durchzusetzen. Es hat auch damit zu tun fair in den Anforderungen zu sein, die du stellst. Der „Chef" im Rudel ist ruhig, aber bestimmt.

Du solltest also nicht emotional werden, wenn du etwas von deinem Hund verlangst. Hunde sind sehr schlau und spüren unsere Stimmung. Du kannst deinem Hund nichts vormachen. Er kennt dich ganz genau.

Die Führungsposition bekommst du nicht geschenkt, du musst sie dir erarbeiten und ein Hundeleben lang beweisen, dass du sie gut ausführen kannst. Jeden Tag, den ganzen Tag.

10 Vorschläge für zu Hause

1. Geregelter Tagesablauf

Besonders für unsichere Hunde ist ein
geregelter Tagesablauf wichtig. Das bedeutet
feste Aktivitäts- und Ruhezeiten, die dem
Hund Sicherheit geben. Gerade wenn es
trubelig mit dem Kind wird, ist es gut, wenn
dein Hund weiß, dass nun für ihn Ruhe
angesagt ist.

2. Kontrolliere Türen und enge Bereiche
   (z.B. Flur)

Wer geht zuerst durch die Tür? Ab heute du!
Beim Rausgehen und auch beim
Wiederkommen. Warum? Beim Rausgehen
führst du deinen Hund und checkst das Revier
ab. Beim Heimkommen betrittst du zuerst dein
Territorium- nicht andersherum.

Außerdem achte darauf, dass dein Hund nicht
in engen Bereichen, wie z.B. dem Flur liegt.
Das könnte später mit dem Kind zu
unangenehmen Situation führen, da dein Hund
sich in der Situation gefangen fühlen könnte.
Zeige ihm, dass er auf seinem Hundeplatz
seine Ruhe hat.

3. Den Weg frei machen

Dein Hund liegt im Weg und du gehst drum herum? Achte bitte darauf, dass nicht du deinem Hund aus dem Weg gehst, sondern er dir den Platz überlässt.

Sollte er deinen Weg mit seinem Körper versperren gehe keinen Umweg, sondern lasse ihn zur Seite gehen. Er soll deinen Platz respektieren und anstatt im Weg zu liegen, lieber auf seinem Ruheplatz entspannen.

4. Struktur beim Spaziergang

Wer voran läuft, führt. Wer trifft bei euch die Entscheidungen, wann geschnüffelt, gepinkelt, wie schnell/ langsam oder wohin gelaufen wird?

Ab heute bist du das!

5. Warten beim Füttern

Futter ist eine wichtige Ressource und außerdem eine gute Übung zur Impulskontrolle.

Auch aufgrund der Verletzungsgefahr sollte dein Hund lernen ruhig und mit Abstand zu warten, bis du das Essen frei gibst. Dein Hund zeigt Futteraggressionen? Dann füttere ihn bitte in einem separaten Zimmer oder der Hundebox, damit dein Kind keiner Gefahr ausgesetzt wird. Lass sein Futter nicht auf dem Boden stehen, wenn er nicht aufgegessen hat.

6. Regeln beim Spielen

Wer ist der, der agiert und wer der, der reagiert? Bestimmt dein Hund ständig wann und was gespielt wird? Gehst du immer darauf ein? Achte darauf und fange auch hier an Änderungen vorzunehmen.

7. Kein Verstecken erlauben

Es ist nicht gut, wenn dein Hund sich unter einem Tisch oder dem Sofa versteckt.

Manche Hunde fühlen sich dann sicherer und fangen an aus ihrem Versteck heraus zu schnappen, wenn sich jemand nähert. Außerdem hilft es dem Hund nicht seine Unsicherheit oder Angst loszuwerden.

Lege deinem Hund in diesem Fall eine Hausleine an und bring ihn auf seinen sicheren Platz oder in seine Box.

8. Ständiges Hinterherlaufen nicht zulassen

Du musst nicht von deinem Hund kontrolliert werden. Du kannst sehr gut auf dich selbst aufpassen. Außerdem ist dieser Job für deinen Hund sehr anstrengend und er bekommt nicht die Ruhe, die er benötigt. Da du ein selbstständiger Mensch bist, kannst du das auch deinem Hund vermitteln.

Bald übernimmst du Verantwortung für ein weiteres Lebewesen und diese soll nicht dein Hund übernehmen.

Wenn dein Hund anfängt die Miete zu zahlen, einzukaufen und sauber zu machen, können wir das nochmal diskutieren.

9. Feste Ruhephasen

Bitte unterschätze diesen Punkt nicht, gerade wenn das Baby da ist und alles erstmal neu und aufregend ist.

10. Kein Anspringen

Es ist wichtig, dass dein Hund deinen persönlichen Bereich respektiert.

Bald wirst du mit deinem Baby auf dem Arm herumlaufen und da wäre es nicht gut, wenn dein Hund an dir hochspringt. Nimm dir sonst auch hier eine Hausleine zur Hilfe.

Vorsicht Gefahr: Wenn du schwanger bist und dein Bauch wächst, sollte dein Hund dir auf keinen Fall in den Bauch springen!

Training bevor das Baby kommt

Nachdem wir nun die Basis aufgebaut haben, widmen wir uns den speziellen Themen von Baby & Hund. Übe bereits in der Schwangerschaft mit deinem Hund. Das gibt nicht nur deinem Hund Sicherheit, sondern auch dir.

Übungen mit einer Puppe

Du hast ein Stofftier oder eine Babypuppe auf dem Arm und verhältst dich so, als wäre das dein Baby. Zusätzlich kannst du dabei Babygeschrei über Lautsprecher abspielen.

Wie benimmt dein Hund sich?

Versucht er an dir hochzuspringen?

Lässt er dich nicht mehr aus den Augen?

Ziel der Übung ist es, dass dein Hund sich entspannen kann auch wenn du mit der Puppe unterwegs bist. Übe verschiedene Situationen, die zukünftig zum Alltag dazu gehören werden:

- Stillen
- Mit dem Baby herumlaufen
- Wickeln

In der Nähe deines Babys wirst du **keine** Aufregung von deinem Hund zulassen. Aus Aufregung kann sehr schnell eine Gefahr werden. Aggressionen entstehen oft aus einem erhöhtem Erregungslevel. Aber nicht nur Aggressionen können entstehen, sondern auch Bellen, Springen oder Übersprungshandlungen. Dazu können Schwanz jagen, etwas zerstören oder wildes Umherrennen zählen.

Schicke deinen Hund aus deinem persönlichen Bereich und lasse ihn ca. 1m Abstand halten.

Das ist eine gute Übung um dir Respekt zu verschaffen und deinem Hund zu zeigen, dass du die Führung übernimmst.

Dein Hund hat sich beruhigt? Dann kannst du zu ihm hingehen oder ihn zu dir rufen, und er darf aus sicherer Distanz den Geruch aufnehmen, von dem was du da auf dem Arm hast.

Denke daran, dass du ruhiges & entspanntes Verhalten belohnst. Wenn dein Hund in diesem Zustand ist, dann darf er (fast) alles, bekommt dein Vertrauen und viele Freiheiten.

Für deinen Hund ist die Situation, dass du mit etwas auf dem Arm herumläufst, unerträglich? Dann fange erst mit der Hunde- Ruheplatzübung an. Hat dein Hund den Ruheplatz mit Entspannung verknüpft, schickst du ihn dorthin und fängst an mit der Puppe auf dem Arm zu üben.

Wichtig: Wenn du deinen Hund auf seinen Platz geschickt hast, dann darf er sich von dort nicht alleine entfernen. Du gibst ihn erst wieder frei, wenn er (bestenfalls) ruhig & entspannt ist.

Raum beanspruchen

Um einen Raum für dich zu beanspruchen benötigst du deinen Körper und deine Ausstrahlung. Raum einzunehmen ist unter Tieren ganz normal. Vielleicht hast du selbst schon einmal beobachten können, wie ein Hund mit einem anderen aus der Distanz kommuniziert hat, weil er jetzt auf dem Platz liegen möchte.

Wenn du mehrere Hunde oder auch Hund und Katze zu Hause hast, beobachte mal, wie sie ihre Körpersprache, ihre Ausstrahlung und ihre Blicke dazu einsetzen, über die Distanz zu kommunizieren, was wem gehört und wer was gerade haben möchte.

Da du Anspruch auf dein Baby erhebst, kontrollierst du auch den Raum um dein Kind. Hierzu ist es wichtig, dass du weißt, wie du deinen Raum kontrollieren kannst.

Nehmen wir mal das Beispiel, dass Gäste zu euch nach Hause kommen und der Hund im Flur auf sie zu stürmt.

Wie kannst du nun die Gäste und den Flur für dich beanspruchen?

Indem du dich vor deinen Besuch stellst, mit festem Stand. Du kannst die Hände auch in die Hüften stemmen oder zur Seite rechts und links ausbreiten. In etwa so, als würdest du Luft wegdrücken.

Du ziehst nun einen unsichtbaren Kreis von circa 1m um die Tür und um deinen Besuch. Diese unsichtbare Linie hat dein Hund einzuhalten. Das machst du nur mit deiner Ausstrahlung und deinem Körper.

Wenn du zum Beispiel deinen Hund am Halsband festhältst oder ihn vom Besucher wegziehst, kontrollierst du damit nur seinen Körper, aber nicht seinen Geist.

Dein Hund kann nicht verstehen, was du von ihm möchtest. Im schlimmsten Fall verstärkst du damit nur noch seinen Wunsch nach vorne zu kommen oder heizt ihn weiter auf.

Ein anderer Hund würde das auch nicht tun. Der „Hundechef" im Rudel würde sich vor oder auf das stellen, was ihm gehört. Seine Blicke wären eine eindeutige Warnung an die anderen Hunde. Sein Körper wäre steif, die Rute stolz oben, und er würde mit den Pfoten fest auf dem Boden stehen. Er würde klar mit seiner Körpersprache und Ausstrahlung kommunizieren, dass das seins ist.

Wenn du die Möglichkeit hast dann schau dir einmal Videos von Hütehunden bei der Arbeit an wie sie mit den Tieren kommunizieren, wer sich wo aufzuhalten hat. Achte auf die Blicke und Körpersprache. Unglaublich wichtig ist hier wieder deine ruhige und bestimmte Ausstrahlung. Wenn du frustriert oder sauer bist, laut wirst, hast du für den Hund eine schwache Ausstrahlung. Er kann sich dann nicht auf dich verlassen, dir folgen oder auf dich hören.

Welche Menschen mit welcher Ausstrahlung vermitteln dir Sicherheit, so dass du ihnen folgen würdest?

Versuche auch Gelassenheit zu entwickeln. Ich weiß es ist schwer, aber es ist möglich.

Wenn du es wirklich ernst meinst und sauber kommunizierst, dann wirst du erstaunt sein, wie schnell dein Hund das akzeptiert und auch respektiert.

Wenn es nicht klappt, dann lasse dich von jemanden filmen und schau dir an, wie du körpersprachlich wirkst. Stehst du aufrecht? Sind deine Schultern zurück? Stehst du fest im Boden? Würdest du dir selbst folgen?

Das ist auch eine Übung, die du gut vor dem Spiegel machen kannst.

Dein Hund zeigt dir genau, wann deine Ausstrahlung überzeugend ist und wann noch nicht.

Denke bitte daran, dass die meisten Hunde keine geborenen Anführer sind und das auch nicht sein wollen. Wenn sie jedoch nicht geführt werden, dann versuchen sie das Gleichgewicht im Rudel wieder herzustellen. Einer muss ja für Sicherheit sorgen. Leider handelt ein Hund in einem solchen Fall häufig aus Frustration oder Angst. Die meisten Hunde wissen nicht was von ihnen erwartet wird, sie sind mit der Rolle überfordert. Übernimm die Führung, dein Hund wird es dir danken!

Spielzeug oder Gegenstände beanspruchen

Vermutlich wird dein Kind Stofftiere und Spielzeug haben. Diese gehören deinem Kind und nicht deinem Hund. Fange bereits vor Ankunft des Babys an mit den Sachen zu üben, die dein Hund nicht berühren soll.

Beanspruche sie für dich. Genau wie bei der Übung davor, nur dass du diesmal nicht den Raum beanspruchst, sondern einen Gegenstand.

Beachte: Wenn du etwas von deinem Hund wegziehst, dann wird es noch spannender für ihn. Er möchte hinterherjagen oder darum kämpfen.

Lass bitte die Gegenstände liegen, ziehe eine unsichtbare Linie drum herum (einen Tabu- Bereich), und dein Hund hat sich fernzuhalten.

Diese Übung ist sehr schwer für deinen Hund?
Auch hier kannst du dir die Ruheplatz- Übung zu Hilfe
nehmen und ihn erstmal dort hinschicken.

Du fängst an mit den Sachen deines Kindes zu spielen
oder sie einfach nur auf dem Boden zu verteilen. Dein
Hund kann von seinem Ruheplatz aus zusehen und soll
lernen sich selbst zu beherrschen.

Das gleiche gilt z.B. mit einer Krabbeldecke oder
anderen Dingen, die auf dem Boden liegen werden.

Hat dein Hund gelernt, bevor das Baby kommt, dass
diese Bereiche/ Gegenstände tabu sind, müsst ihr das,
wenn das Baby da ist, nicht mehr diskutieren. Ein
weiteres Plus: Dein Hund wird diese Übungen nicht mit
dem Baby verknüpfen.

Hast du Zweifel oder fängst du an zu zögern bei der
Übung, dann wird dein Hund darauf reagieren, indem
er dich weiter fordert deutlich zu sein.

Um Frustration oder Obsession vorzubeugen ist es
wichtig, dass du die Führung übernimmst und deinem
Hund klare Regeln und Grenzen aufzeigst. Viele
Menschen haben die Sorge, dass der Hund ihnen das
übel nehmen könnte.

Vergiss bitte nicht: Es handelt sich bei deinem Hund
um ein Tier (Raubtier). Im Rudel gibt es auch Regeln
und Grenzen. Das ist ganz natürlich für Hunde und sie
brauchen dies auch, um entspannt sein zu können.

Als „Chef" sorgst du für ihren Schutz und ihr Wohlergehen, dafür bekommst du Vertrauen und Respekt.

Laufen am Kinderwagen

Übe bereits vorab mit deinem Hund an lockerer Leine am Kinderwagen zu gehen. Sollte dein Hund den Kinderwagen unheimlich finden, dann gewöhne ihn langsam daran. Hier kannst du Futter zur Motivation und für eine positive Verknüpfung einsetzen.

Maulkorbtraining

Da wir nicht zu 100% wissen, wie dein Hund auf das Baby und die neuen Situationen reagieren wird, ist Maulkorbtraining sinnvoll. Es kostet die meisten Halter (auch mich) Überwindung, dem Hund einen Maulkorb anzulegen. Mache daraus eine spaßige Übung mit vielen Leckereien im Maulkorb. Solltest du ihn nie benötigen, perfekt! Aber wenn doch, dann hat dein Hund bereits positive Erfahrungen damit gesammelt. Betrachte den Maulkorb als *Stressbremse*: Sie nimmt dir Stress ab.

Baby- Hund Zusammenführung

Geburten bei Menschen und Hunden unterscheiden sich sehr. Betrachten wir zuerst die Geburt eines Menschen.

Häufig ist es so, dass die Frau mit Wehen und ihrem z.B. Partner in das Krankenhaus kommt.

Dort sind dann Ärzte, Krankenpfleger, Hebammen, andere werdende Eltern, … Recht viel Trubel. Unter Begleitung von Fachpersonal kommt das Baby zur Welt, wird direkt untersucht und die Geburt wird zelebriert. In den kommenden Tagen kommen Familie & Freunde zum Gratulieren, jeder möchte das Neugeborene sehen.

Wie ist es im Gegensatz dazu bei Hunden, ohne menschlichen Einfluss? Eine trächtige Hündin zieht sich aus dem Rudel zurück und baut sich eine Kuhle in der Erde oder sucht sich eine Höhle. Allein bekommt sie dort die Welpen. Das Rudel hat sich die ersten Tage fern zu halten. Nach und nach entscheidet die Mutterhündin, wer aus dem Rudel zu den Welpen und sie bei der Aufzucht unterstützen darf.

Das Rudel respektiert das und gibt der Mutterhündin mit ihren Welpen den Raum und die Ruhe.

Ein großer Unterschied zu uns oder?

Das bedeutet, die Mutterhündin darf entscheiden, wann wer ihre Welpen sehen darf.

Das darfst du auch bei deinem Baby!

Ich hatte das Glück, mehrere Hundegeburten bereits live miterleben zu dürfen.

Ein Dank an dieser Stelle an die Züchter, die mich bei ihren Welpen/ dem Rudel beobachten haben lassen.

Was ich gesehen habe, waren souveräne und strenge Mutterhündinnen. Sie haben es vor allem den jüngeren/ wilderen Hunden im Rudel untersagt, sich den Welpen in den ersten Wochen auch nur zu nähern.

Hat die Mutterhündin den Respekt der anderen Hunde, lässt sie nach und nach Kontakt zu, wenn die Hunde sich ruhig und höflich verhalten.

Eines kann ich dir versichern:

Die souveräne Mutterhündin lässt keine Aufregung um ihre Welpen zu.

Also mache bitte das Gleiche und unterbinde Aufregung in der Nähe deines Babys!

Warum teile ich dir das mit?

Damit du weißt, dass es sehr natürlich ist, wenn du deinen Hund erstmal von deinem Kind fernhältst oder ihm Grenzen setzt.

Viele fühlen sich schuldig und wollen den Hund nicht ausgrenzen. Du darfst entscheiden, was du wann zulässt und was nicht. Vertraue auf deinen Instinkt. Dein Hund wird es respektieren, wenn er dich respektiert.

Mit dem Baby nach Hause kommen

Hast du dir schon überlegt, wo dein Hund bleiben wird, wenn das Baby kommt? Hast du Familie oder Freunde, die aufpassen? Oder gibst du ihn für die Zeit in eine Hunde- Pension?

Übe das unbedingt vorab mit deinem Hund. Lass ihn bereits mehrere Male dort übernachten, damit er sich daran gewöhnen kann. Bitte die Aufpasser sich an die neuen Regeln zu halten.

Der große Moment ist gekommen, du kommst mit deinem Baby nach Hause. Vor dem ersten Kontakt sollte dein Hund sich körperlich bereits betätigt haben, damit er müde und ruhig ist. Wenn du die Möglichkeit hast, dann begrüße deinen Hund zuerst ohne das Baby.

Dein Hund und du, ihr werdet aufgeregt sein euch wieder zu sehen. Das ist keine gute Energie für das erste Zusammentreffen mit dem Baby.

Nachdem ihr euch ausgiebig begrüßt habt und dein Hund sich wieder beruhigt hat, kannst du das Baby hinzuholen.

Wie du bereits mit der Puppe geübt hast, hältst du dein Kind im Arm und dein Hund hat erstmal höflich Abstand zu halten.
Ist er sehr ruhig und entspannt, kannst du ihn sich nähern lassen. Halte das Baby ihm nicht direkt vor die Nase.

Sollte er Aufregung zeigen unterbindest du das bitte sofort. Denk an die Mama- Hündin, keine Aufregung bei den Welpen.

Sei selbst ruhig und bestimmt. Keine Anspannung, Nervosität oder Unsicherheit. Denke daran, dein Hund spürt deine Stimmung.

Wenn es deinem Hund sehr schwerfällt, dann schicke ihn auf seinen Platz oder in seine Box. So gibst du ihm eine Aufgabe und er kann sich das aus sicherer Entfernung erstmal anschauen, anhören und vor allem riechen.

Keine Sorge, die Nase des Hundes ist so gut, dass er auch aus der Entfernung den Geruch des Babys wahrnehmen kann.

Zeigt dein Hund Anzeichen von Anspannung oder Stress, dann beende die Situation und wiederhole sie später nochmal, wenn dein Hund sich beruhigt hat.

Du kannst deinem Hund, bevor er das Baby trifft, bereits den neuen Geruch vorstellen. Nimm eine Mütze oder Decke des Babys, beanspruche sie für dich und lass deinen Hund sich nähern und schnüffeln, wenn er ruhig ist.

Am besten machst du das in entspannter Atmosphäre. Er soll den Geruch direkt mit Ruhe verknüpfen. Lass ihn den Gegenstand nicht ins Maul nehmen oder damit spielen. Auch hier ist höfliches Verhalten erwünscht.

Im besten Falle weiß dein Hund nun:

- wo seine Ruhe- und Sicherheitszone ist,

- welche Bereiche & Gegenstände tabu sind und

- dass ruhiges & entspanntes Verhalten erwünscht ist.

Er hat gelernt zu warten, sich selbst zu kontrollieren und auf dich zu achten. Du bist „Chef" und verantwortlich für dein kleines Rudel.

Der Job deines Hundes? Eine schöne Zeit haben.

Beispiel aus dem Training (wahre Begebenheit)

Ein Pärchen kontaktierte mich und wir machten einen Termin aus, um den Hund auf das Baby vorzubereiten. Wir besprachen alle wichtigen Themen, ich hörte aber nichts mehr von dem Paar.

Einige Monate später bekam ich einen Anruf besagten Pärchens: Das Baby war da. Der Mann erzählte mir, dass er sich nicht wirklich an unsere Absprachen gehalten hatte. Er hätte sich schlecht gefühlt dem Hund Grenzen zu setzen und wollte lieber, dass der Hund frei entscheidet. Ich bedankte mich für seine Ehrlichkeit, wunderte mich nur, warum er überhaupt angerufen hatte.

Das Paar erzählte mir, dass es ihnen so vorkäme, als hätte ihr Hund mein Buch gelesen. Bei dem Hund handelt es sich um einen sehr selbstständigen, älteren Hund. Er war sehr respektvoll, hat Mama und Kind den Raum überlassen, zeigte viel Ruhe und sehr höfliches Verhalten.

Die Menschen hätten am liebsten den Hund mittendrin und nah beim Baby gehabt, aber der Hund wollte nicht.

Sie baten mich anschließend um einen Termin, damit ich mir das Verhalten des Hundes anschauen konnte.

Ich besuchte die kleine Familie, und was ich sah, war ein entspannter Hund, der einfach nur seine Ruhe haben wollte. Das Paar war zu bemüht den Hund mit dem Baby in direkten Kontakt zu bringen. Sie suchten gezielt die Nähe des Hundes mit dem Kind, lockten den Hund zum Kind, wollten unbedingt Kontakt zwischen den beiden herstellen. Wollten am liebsten, dass der Hund das Baby abschleckt.

Dies kann aber schnell in einer gefährlichen Situation enden, was den Eltern offensichtlich nicht klar war. Deshalb meine Bitte: Respektiert, wenn euer Hund lieber Abstand halten möchte. Lockt ihn nicht unnötig in die Situationen!

Ich konnte bei diesem Hund beobachten, wie er durch das Locken noch viel misstrauischer geworden war. Als wir zusammen mit dem Baby auf dem Boden saßen und er zufällig vorbeikam, bemühte sich das Paar so sehr darum, dass der Hund zu ihnen kommt, bis er es am Ende seinen Menschen zu liebe für kurze Zeit tat. Aber der Hund wollte ganz offensichtlich nicht dabei sein.

Er wollte lieber Abstand wahren. Dadurch, dass das Paar dem Hund das Baby schon fast „aufzwang", fing der Hund bereits an in einer Situation zu knurren. Wichtig zu erkennen ist, dass der Hund keine Fehler machte, sondern die Menschen seine Kommunikation missachteten.

Deshalb war es zum Wohle des Kindes und des Hundes wichtig, dass die Menschen anfingen auf das Verhalten des Hundes zu achten und es zu respektieren.

Wie ist eure Erwartungshaltung? Könnt ihr es akzeptieren, wenn euer Hund sich anders verhält, als ihr es euch wünscht?

Könnt ihr seine Signale lesen?

Aufpassen

Es ist wichtig, dass du den Hund und das Baby nicht unbeaufsichtigt lässt. Selbst mit dem liebsten Hund kann es zu Situationen kommen, die man sich vorher nicht hätte vorstellen können. Das Kind kann unkontrollierte Bewegungen machen und eventuell auch dem Hund wehtun. Durch den Greifreflex des Babys kann es passieren, dass etwas gegriffen und nicht mehr losgelassen wird. Sollte das Baby dann z.B. das Ohr des Hundes gegriffen haben, ist es unbedingt notwendig, dass ein Erwachsener die Hand wieder öffnen kann.

Es gab Beißvorfälle, wo sich später rausgestellt hat, dass das Kind dem Hund Gegenstände in Körperöffnungen gesteckt hat. Irgendwann kann auch der geduldigste Hund nicht mehr.

Bei älteren Hunden kann es zusätzlich passieren, dass sie altersbedingt unter Schmerzen leiden. Wir wollen nicht, dass das Kind die falschen Stellen berührt und der Hund sich erschreckt. Es ist also immer Vorsicht geboten.

Was tun, wenn ich meinem Hund nicht gerecht werde?

Du hast das Gefühl, dass du deinem Hund nicht gerecht werden kannst? Dein Baby fordert deine ganze Aufmerksamkeit und dein Hund kommt zu kurz?

Deine Prioritäten haben sich nun verschoben. Du hast ein kleines, zweibeiniges Lebewesen, was komplett auf dich angewiesen ist. Zusätzlich hast du auch noch eigene Bedürfnisse, die du nicht vergessen solltest.

Falls du an diesen Punkt gelangst, dann wäre es gut bereits vorab einen Plan B parat zu haben.

Hundetagesstätte

Gibt es bei dir in der Nähe eine Hundetagesstätte? Wenn dein Hund gerne unter Artgenossen ist, ist dies eine Möglichkeit ihn gut betreut zu wissen. Gerade wenn es bei dir zu stressig wird.

Am besten lernt dein Hund vor Einzug des Babys die Hundetagesstätte kennen und gewöhnt sich daran.

So kann dein Hund tagsüber Spaß haben und kommt müde nach Hause.

Ausführservice

Du hast keine Hundetagesstätte in der Nähe oder dein Hund fühlt sich dort nicht so wohl? Wie wäre es mit einem Ausführservice.

Dort bekommt dein Hund die Auslastung und den Spaß, den er benötigt und kann anschließend zu Hause mit euch entspannen.

Auch hier wäre eine Eingewöhnung, bevor das Baby kommt, ratsam.

Nachbarn

Du hast hundeliebe Nachbarn, wo dein Hund gut aufgehoben ist? Bitte sie um Hilfe, wenn es dir zu viel wird.

Familie oder Freunde

Die beste Lösung ist natürlich Familie und Freunde, an die dein Hund bereits gewöhnt ist. Bespreche vor Ankunft des Babys, auf welche Hilfe du angewiesen sein könntest.

Gewöhne deinen Hund daran, tagsüber oder auch über Nacht bei Familie oder Freunden zu sein, damit es für ihn normal ist.

Du brauchst kein schlechtes Gewissen haben, deinen Hund vorübergehend woanders unterzubringen. Sorge dafür, dass es Orte sind, wo er sich wohl fühlt und eine schöne Zeit hat. Das Baby und die neue Situation wird auch für deinen Hund stressig sein, da hat er sich etwas Urlaub verdient. ☺

Einflüsse von außen

Häufig wird in Werbung oder Social Media suggeriert, dass Hund und Kind Harmonie pur bedeutet. Dass dies leider oft nicht der Realität entspricht unterschätzen viele Hundehalter.

Im Internet kursieren vermeintlich niedliche Fotos und Videos von Baby & Hund, die als niedlich bezeichnet werden. Ich kann dazu nur sagen, dass bei mir allerdings die Alarmglocken schrillen. Man sieht zum Beispiel Babys, die auf Hunde gelegt werden, obwohl der Hund deutlich Stressanzeichen zeigt.

Meist zeigen die Hunde schon vorher an, dass sie sich nicht wohl mit der Situation fühlen. Da die Menschen diese Zeichen oftmals aus mangelnder Information nicht erkennen, entstehen Situationen, wie das Abschnappen oder Beißen, die oftmals für die Menschen als plötzlich, unvorhersehbar und aggressiv interpretiert werden. Ich kann nur empfehlen: Lerne deinen Hund zu lesen und zu verstehen!

Warnungen des Hundes können zum Beispiel sein:

- meiden (z.B. den Kopf wegdrehen)

- knurren

- stillhalten, steif werden

- Lefzen hochziehen, Zähne zeigen

Es wird dir höchst wahrscheinlich auch passieren, dass verschiedene Leute dir oftmals ungefragt Tipps zur Kinder- und Hundeerziehung geben möchten. Lass dich dadurch nicht verunsichern. Die Menschen kennen dich, dein Baby, deinen Hund und deine Situation nicht, es sei denn, es sind ausgebildete Fachleute, was in den meisten Fällen nicht zutrifft.

Jede Familie ist in Bezug auf ihre Lebenssituation anders, und auch Hunde kann man nicht nach „Schema – F" über einen Kamm scheren.

Welpe & Baby

Zugegeben, es ist eine schöne Vorstellung, wenn Baby & Welpe gemeinsam groß und zu besten Freunden werden.

Es wird aber hier oft unterschätzt, dass auch ein Welpe extrem viel Arbeit bedeutet. Einen Welpen und ein Baby gleichzeitig aufzuziehen kann enormen Stress verursachen. Der Welpe benötigt viel Aufmerksamkeit und dein Baby noch mehr.

Anfangs muss der Welpe mehrfach am Tag und in der Nacht raus, bis er stubenrein ist. Die Welt wird mit dem Maul erkundet, eventuell Gegenstände und Möbel angeknabbert. Der Welpe möchte erzogen und gefordert werden benötigt aber ebenfalls genug Ruhephasen, damit er nicht überdreht.

Natürlich gibt es viele positive Beispiele, wo die Familien sehr gut mit der Doppelbelastung umgehen konnten. Meist waren sie bereits erfahren, oder hatten fachlichen Beistand. Oder sie haben einfach Glück, einen unkomplizierten Hund zu haben, der seinen Besitzern Fehler verzeiht. Aber leider gibt es auch viele negative Beispiele.

Es ist unabdingbar, das Baby zu schützen. Nicht zu vernachlässigen ist, nebenbei gesagt, dass der Welpe auch vor unbedachten Bewegungen durch das Baby geschützt ist.

WORST CASE

Dies ist ein Kapitel, auf welches ich gerne verzichten würde. Leider kommt es aber vor, und deswegen möchte ich auch ehrlich mit dir sein. Nicht jeder Hund ist dafür geeignet, mit einem Baby oder Kind zusammen zu wohnen. Bei manchen Hunden kann man es bereits vorher erahnen, bei anderen aber nicht.

Es gibt Hunde, die nur mit bestimmten Altersphasen Schwierigkeiten haben, wie zum Beispiel dem Krabbelalter. Einiges lässt sich über Management lösen, aber nicht alles. Das ist etwas, was wir manchmal auch „einfach" akzeptieren müssen.

Wenn du merkst, dass dein Hund diese Anzeichen dauerhaft zeigt, deutet das auf viel Stress hin:

- Unruhe (ständiges Umherlaufen)
- hecheln
- urinieren und koten in der Wohnung
- *Lautäußerungen* (winseln, fiepen, bellen)
- Walaugen (Weißes in den Augenwinkeln bzw. oberhalb oder unterhalb des Auges bei deinem Hund ist zu sehen)
- Unwohlsein in der Nähe des Kindes (meiden, drohen oder sogar schnappen)
- Ausschlag, Verlust des Fells
- häufiges Lecken oder Kratzen

Dann ist es Zeit darüber nachzudenken, für den Hund ein entspanntes Zuhause zu suchen - möglicherweise zunächst nur als vorübergehende Lösung.

Vielleicht hast du Familie oder Freunde, die er bereits kennt und die ihn nehmen würden?

Wenn nicht, dann wird es garantiert liebe Leute geben, die sich gut um deinen Hund kümmern werden.

Hier geht es nicht darum, dass jemand versagt hat. Es ist nicht die Zeit für Vorwürfe. Wir wollen, dass es dir, deinem Kind und deinem Hund gut geht. Ein Leben im Dauerstress ist für kein Lebewesen gut.

Außerdem kannst du dein Kind keinen Gefahren aussetzen. Es ist wehrlos, und Bissverletzungen werden es ein Leben lang zeichnen.

Dies ist in keinem Fall eine leichte Entscheidung, aber es ist nicht die Zeit egoistisch zu handeln.

Empfehlungen für den „worst case":

- Trainingstagebuch schreiben und Zeitfenster setzen:

    Setze dir ein Zeitfenster, indem du mit deinem Hund übst. Notiere dir den aktuellen Stand seines Verhaltens. Was sind deine Ziele? Wie viel Zeit kannst du dir für die Veränderungen nehmen? Schreibe ein Trainingstagebuch, damit du nach Ablauf der Zeit auch die Situation bestmöglich beurteilen kannst.

- Wer kann wie viel leisten? Reicht das deinem Hund? Werden die Bedürfnisse deines Hundes erfüllt?

- Bereits frühzeitig überlegen: Gibt es Freunde/ Familie, die den Hund nehmen würden?

- Bei schweren, bereits bestehenden Problemen am besten vor Ankunft des Babys ein neues zu Hause für den Hund suchen.

- Rechtzeitig Unterstützung suchen: Du solltest einen Trainer haben, dem du vertraust und der im Notfall für dich erreichbar ist.

Einblick Kind & Hund:

Was für eine schöne Vorstellung, wenn Kind und Hund gemeinsam aufwachsen. Das Kind hat in dem Hund einen besten Freund, Verbündeten, Seelentröster, Vertrauten und Spielpartner. Gemeinsam können sie die Welt entdecken, Blödsinn machen oder einfach nur zusammen kuscheln. Das Kind lernt sich um den Hund zu kümmern und Verantwortung zu übernehmen.

Leider entspricht diese Vorstellung nicht immer der Realität. Auch wenn wir uns alle genau das wünschen, gibt es Hunde, die – unabhängig von der Rasse- dafür nicht geeignet sind.

Traurigerweise kommt es immer wieder zu Beißvorfällen mit Kindern und häufig mit dem eigenen Hund.

Einen Hund in der Familie zu haben bedeutet Verantwortung für ein Lebewesen zu tragen. Die individuellen Bedürfnisse des Tieres müssen für ein entspanntes Zusammenleben unbedingt erfüllt werden. Hier sei es auch wichtig zu erwähnen, dass die Verantwortung bei den Erwachsenen liegt und nicht bei dem Kind!

Bitte beachtet: Kleinkinder sind nicht in der Lage die Kommunikation der Hunde zu deuten und angemessen zu reagieren. Warnungen des Hundes können sie noch nicht verstehen. Einige Hunde haben zudem Probleme mit den unkoordinierten Bewegungen oder Lautäußerungen der Kleinkinder und wissen nicht damit umzugehen.

Kind und Hund kann eine wunderschöne Kombination sein. Es gibt jedoch auch die Fälle, wo die Belastung zu groß wird und statt Harmonie Stress im Alltag überwiegt.

Es drängt sich die Frage auf, ob es kinderfreundliche oder familienfreundliche Hunderassen gibt.

Ganz klar: Nein! Es muss immer individuell geschaut werden. Es gibt Rassen deren Eigenschaften die Wahrscheinlichkeit erhöhen, dass das Zusammenleben gut funktioniert, aber es gibt keine Garantie. Auch ein Labrador oder Golden Retriever kann Kinder nicht mögen oder sogar verletzen.

Kinder- Hund- Regeln:

Leider sind Unfälle von Hunden mit Kindern keine Seltenheit, doch viele davon hätten verhindert werden können.

Lerne deinen Hund zu lesen, achte auf die Körpersprache und bringe den Kindern einen respektvollen Umgang mit Tieren bei. Hier findest du wichtige Regeln für das Zusammenleben zwischen Kind und Hund.

Du solltest früh damit beginnen, es deinem- und auch den Gastkindern immer wieder zu vermitteln. Schneide dir die folgenden Regeln aus und hänge sie z.B. an den Kühlschrank.

1. Warte immer auf den Erwachsenen, bis du dich mit dem Hund beschäftigst!

2. Frage, ob es ok ist und der Hund das auch möchte.

3. Küsse den Hund nicht.

4. Umarme den Hund nicht.

5. Nähere dich seitlich und lass den Hund erst schnuppern. Möchte der Hund das nicht, dann lass ihn in Ruhe.

6. Renne niemals einem Hund hinterher.

7. Fasse dem Hund nicht direkt auf den Kopf, besser unter dem Kinn oder am Rücken streicheln.

8. Wenn ein Hund in der Nähe ist, dann kein wildes Umherrennen, Schreien oder plötzliches Arme hochreißen.

9. Der Ruheplatz des Hundes ist absolut tabu!

10. Nimm dem Hund kein Essen weg und fasse nicht in den Futternapf!

Abschluss

Wenn rechtzeitig Regeln aufgestellt werden und die Bedürfnisse des Hundes erfüllt werden, sollte einem entspannten Familienleben nichts im Weg stehen.

Der Ruheplatz, die Hundebox und Kindergitter sind besonders wichtig für das Krabbel- Alter. Dein Hund soll immer die Möglichkeit haben sich dorthin zurückziehen zu können.

Achte stets auf die Körpersprache deines Hundes, vor allem gegenüber dem Kind. Ist eine Anspannung zu erkennen oder ist alles entspannt?

Vertraue bitte auf dein Bauchgefühl und hole dir Hilfe, wenn du dir unsicher bist.

Lass Hund und Kind bitte niemals allein!

Zum Schluss wünsche ich dir viel Freude mit Baby & Hund!

Anhang

Trainings- Tabelle

Trage hier das Datum, die Uhrzeit, die Übung, die Anzahl der Wiederholungen, die Dauer der Einheit und deine Notizen ein. Was lief gut und was weniger gut? So bekommst du einen guten Überblick über dein Training und die Fortschritte.

Setze dir im Training kleine Ziele, die du Schritt für Schritt erreichen kannst.

Datum	Uhrzeit	Übung	Anzahl Wiederholungen	Dauer	Notizen +/-

Datum	Uhrzeit	Übung	Anzahl Wiederholungen	Dauer	Notizen +/-

Datum	Uhrzeit	Übung	Anzahl Wiederholungen	Dauer	Notizen +/-

Datum	Uhrzeit	Übung	Anzahl Wiederholungen	Dauer	Notizen +/-

Datum	Uhrzeit	Übung	Anzahl Wiederholungen	Dauer	Notizen +/-

Datum	Uhrzeit	Übung	Anzahl Wiederholungen	Dauer	Notizen +/-

Datum	Uhrzeit	Übung	Anzahl Wiederholungen	Dauer	Notizen +/-

Datum	Uhrzeit	Übung	Anzahl Wiederholungen	Dauer	Notizen +/-

Datum	Uhrzeit	Übung	Anzahl Wiederholungen	Dauer	Notizen +/-

Datum	Uhrzeit	Übung	Anzahl Wiederholungen	Dauer	Notizen +/-

Datum	Uhrzeit	Übung	Anzahl Wiederholungen	Dauer	Notizen +/-

Notizen

....
....
....
....
....
....
....
....
....
....
....
....
....
....
....
....
....
....
....
....
....
....
....
....
....
....

Vielen herzlichen Dank für eure Unterstützung:

Bianca,

Katharina,

Nina, Bernardo, Noah mit Nelly

Sabine

Und Tobi, Juna mit Mina.

Leidet dein Hund unter Trennungsangst?
In meinem Buch "Endlich entspannt Alleinbleiben" beschreibe
ich meinen Prozess mit Lefi, inklusive der einzelnen
Trainingsschritte.